Der Zeichner

Hanspeter Wyss wurde am 30. September 1937 in Thun/Schweiz geboren. Nach dem Besuch der Kunstgewerbeschule in Bern absolvierte er eine Lehre als Schaufensterdekorateur. Sei 1962 wohnt Wyss als freischaffender Karikaturist in Zürich. Er arbeitet für diverse in- und ausländische Magazine und Zeitschriften und macht Trickfilme für das Schweizer Fernsehen. Seine Arbeiten wurden auf zahlreichen Ausstellungen im In- und Ausland gezeigt.

Die Computer-Cartoons von Hanspeter Wyss erscheinen regelmäßig in der Schweizer Ausgabe der Fachzeitschrift «Computerworld».

Buchveröffentlichungen: «Stereotypen» (1981) und «Herr Müller!» (1985).

Hanspeter Wyss

Die Wahrheit über Computer

Cartoons

rororo

Rowohlt

rororo tomate
herausgegeben von Klaus Waller

Originalausgabe
Veröffentlicht im Rowohlt Taschenbuch Verlag GmbH,
Reinbek bei Hamburg, September 1988

Umschlagillustration Hanspeter Wyss
Umschlagtypographie Jürgen Kaffer / Peter Wippermann
Satz Bembo (Linotron 202)
Gesamtherstellung Clausen & Bosse, Leck
Printed in Germany
680-ISBN 3 499 12319 3

Inhalt

1. Teil

Der Computer erleichtert uns die Arbeit

HANSPETER WYSS

HAT VIELLEICHT JEMAND EINEN RADIERGUMMI?
HANSPETER WYSS

HANSPETER WYSS

DIESER COMPUTER SPINNT!!
HANSPETER WYSS

HANSPETER WYSS

HANSPETER WYSS

...SEHR SCHÖN IST ZU SEHEN, WIE NACH 8,657349 SEKUNDEN DER SCHMERZ MESSBAR ANSTEIGT

GLAUBEN SIE MIR, FRÄULEIN SONYA: GANZ KANN EIN COMPUTER DEN MENSCHEN NICHT ERSETZEN...
HANSPETER WYSS

HANSPETER WYSS

HANSPETER WYSS

HANSPETER WYSS

HANSPETER WYSS

HANSPETER WYSS

HANSPETER WYSS

AM 24.3.75 HABEN SIE ABER FÜ DIE GLEICHE ARBEIT GENAU 4,23458 MINUTEN WENIGER BENÖTIGT...
HANSPETER WYSS

ZUERST FORMULIEREN SIE DAS PROBLEM, UND ANSCHLIESSEND DRÜCKEN SIE DEN ENTSPRECHENDEN KOPF!
USICA
ARS
UXUS
NUM
BELLUM
UNDUS
ORGIA
PECUNIA
CIRCENSIS
MEDICA
COMPUTATOR
HANSPETER WYSS

ICH BIN ÜBERZEUGT, DASS ER DIE FEHLERQUELLE FINDEN WIRD!
HANSPETER WYSS

...WENN SIE ZUM BEISPIEL WISSEN WOLLEN, WIE VIELE DUNKEL-HAARIGE FRAUEN UNTER ACHTUNDZWANZIG MORGENS ZWISCHEN FÜNF UND SIEBEN UHR IHR GLAS ORANGENSAFT MIT DER LINKEN HAND ZUM MUNDE FÜHREN, UND DEN VERGLEICH ZU BLONDHAARIGEN MÄNNERN ÜBER ACHTUND-DREISSIG SUCHEN, DRÜCKEN SIE GANZ EINFACH AUF DIESEN KNOPF.

BEVOR UNS DIE ENTSCHEIDENDE MINIATURISIERUNG GELANG, FÜLLTE DIESER COMPUTER EIN GANZES STOCKWERK!
HANSPETER WYSS

O.K.! DIESES GERÄT ERSETZT DREIHUNDERT SEKRETÄRINNEN, ABER —— KOCHT ES AUCH KAFFEE?
HANSPETER WYSS

ES TUT MIR AUFRICHTIG LEID, HERR ZAMPELLI, ABER AUCH WIR MÜSSEN EFFIZIENTER WERDEN!....
HANSPETER WYSS

DIE VORTEILE DER VIERZACKIGEN GEGENÜBER DER DREIZACKIGEN DESSERTGABEL SIND NUN ENDLICH BEWIESEN !
HANSPETER WYSS

HANSPETER WYSS

HANSPETER WYSS

APPLE
ATARI
IBM
HANSPETER WYSS

HANSPETER WYSS

HANSPETER WYSS

HANSPETER WYSS

HANSPETER WYSS

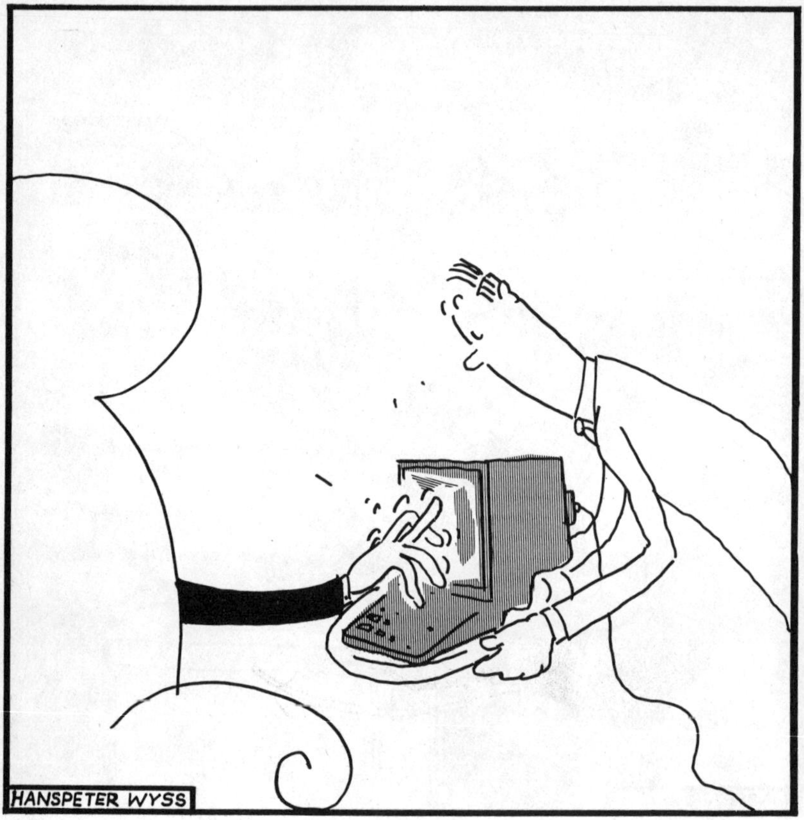
HANSPETER WYSS

HANSPETER WYSS

HANSPETER WYSS

ICH HAß DEN FEHLER GEFUNDEN!
HANSPETER WYSS

HANSPETER WYSS

ATARI
Commodore
Panasonic
SHARP
ON
THOMSON
HANSPETER WYSS

HANSPETER WYSS

UND DAS SOLL EIN BANKRAUB SEIN!!!
HANSPETER WYSS

HANSPETER WYSS

HANSPETER WYSS

HANSPETER WYSS

HANSPETER WYSS

DIE HANDBÜCHER FÜR DEN C-305, HERR MEIER!
HANSPETER WYSS

HANSPETER WYSS

HANSPETER WYSS

LADIES AND GENTLEMEN, DANK DEM NEUEN BORD-COMPUTER IST ES JETZT AUCH IN DER LUFTFAHRT MÖGLICH, DAS BELIEBTE CAPTAIN'S DINNER DURCHZUFÜHREN!

HANSPETER WYSS

HANSPETER WYSS

DER WIRD MIT IHNEN GANZ BESTIMMT FERTIG!
HANSPETER WYSS

ETWAS SOFTWARE, FRAU MÜLLER?
HANSPETER WYSS

HANSPETER WYSS

HATS VIELLEICHT ZUFÄLLIG EINEN COMPUTERFACHMANN AN BORD....
HANSPETER WYSS

HANSPETER WYSS

HANSPETER WYSS

ERROR, HERR MEIER!
HANSPETER WYSS

2. Teil

Der Computer verschönert den Alltag

1. WASCHEN
2. ZAEHNEP.
3. RASIEREN
HANSPETER WYSS

HANSPETER WYSS

kJ 5800
kcal 1320
HANSPETER WYSS

HANSPETER WYSS

SAGEN SIE RUHIG SCHWESTER NORA ZU MIR!
HANSPETER WYSS

ES IST GANZ EINFACH: STELL DIR VOR, DIESER APFEL WÄRE DIE HARDWARE UND DIESE BIRNE DIE SOFTWARE, AUF DER SÄMTLICHE REZEPTE VON ESCOFFIER GESPEICHERT WÄREN
NUN FÜTTERST DU DEN APFEL MIT DER BIRNE....
HANSPETER WYSS

HANSPETER WYSS

1 COMPUTER UND 1 COMPUTER GIBT WIEVIELE COMPUTER?
HANSPETER WYSS

GUT
GESCHLAFEN?

HANSPETER WYSS

HANSPETER WYSS

HANSPETER WYSS

JETZT NEHMEN WIR DEN KLAUSENPASS NOCH EINMAL — ABER MIT DREISSIG PROZENT MEHR STEIGUNG
HANSPETER WYSS

HANSPETER WYSS

SAGEN SIE BITTE ·A·
HANSPETER WYSS

SO, JETZT TIPPEN SIE EINMAL IN ALLER RUHE IHRE PROBLEME EIN
HANSPETER WYSS

HANSPETER WYSS

HANSPETER WYSS

HANSPETER WYSS

HANSPETER WYSS

HANSPETER WYSS

SUNRISE
HANSPETER WYSS

D-A-T-A

HANSPETER WYSS

HANSPETER WYSS

0750 20
D0 D6 A9
52 20 90 06
20 AF F7 A5
96 D0 49 A0
00 20 CF
HANSPETER WYSS

HANSPETER WYSS

HANSPETER WYSS

Mit Worten . . .

... bezahlt man keine Schulden, heißt es in der Volksweisheit. Auch nicht, wenn sie noch so perfekt auf dem Computer getippt sind. Besser also, man kommt erst gar nicht in finanzielle Verlegenheit. Rechtzeitige Vorsorge spart viele schöne Worte, die dann doch nichts bringen.

DIE POTENZ DES NEUEN C-834 KANNST DU DIR SCHLICHT NICHT VORSTELLEN!

HANSPETER WYSS

HANSPETER WYSS

HANSPETER WYSS

HANSPETER WYSS

HANSPETER WYSS

FRANZ HUBER,
WOLLEN SIE MIT
MARTHA MEIER
DAS BUENDNIS
DER EHE
EINGEHEN ?

HANSPETER WYSS

HANSPETER WYSS

ANNA, LIEBSTE, ICH BIN ÜBERZEUGT, DASS WIR KOMPATIBEL WÄREN...
HANSPETER WYSS

HANSPETER WYSS

KARL!
HANSPETER WYSS

3. Teil

Der Computer ist unser schönstes Hobby

HANSPETER WYSS

HANSPETER WYSS

HANSPETER WYSS

MIT DEINEM RÖSCHTIPROGRAMM STIMMT EINFACH ETWAS NICHT, KARL!

HANSPETER WYSS

ADIEU!
HANSPETER WYSS

HANSPETER WYSS

HANSPETER WYSS

HANSPETER WYSS

HANSPETER WYSS

HANSPETER WYSS

HANSPETER WYSS

BEIM SCHACH KONNTE ER IHN JEDENFALLS NICHT BEZWINGEN
HANSPETER WYSS

HANSPETER WYSS

ICH HABE SELBSTVERSTÄNDLICH AUCH MIT BRIEFMARKEN ANGEFANGEN
HANSPETER WYSS

HANSPETER WYSS

DIE GANZE BIBLIOTHEK KONNTE ICH AUF EINER EINZIGEN DISKETTE SPEICHERN!

HANSPETER WYSS

HANSPETER WYSS

HANSPETER WYSS